NATIONAL GEOGRAPHIC KiDS

VIE SAUVAGE

Les éléphants

Margie Markarian

Texte français
du Groupe Syntagme Inc.

SCHOLASTIC

Sonnez les trompettes!

L'éléphant est le PLUS GROS animal terrestre au monde. C'est aussi l'un des plus forts, l'un des plus intelligents, et bien sûr... celui qui a le NEZ le plus long!

Tu veux en savoir plus sur les éléphants? Alors, tourne la page!

HABITAT

Au pays des géants

Les éléphants vivent en Afrique et en Asie, dans toutes sortes d'habitats.

La plupart des éléphants préfèrent les plaines ensoleillées.

Certains aiment mieux les jungles et les forêts ombragées.

FROU-FROU!

D’autres encore passent leurs journées dans les déserts sablonneux et les marécages boueux.

PLIF! PLOUF!

CARTE

Les éléphants dans le monde

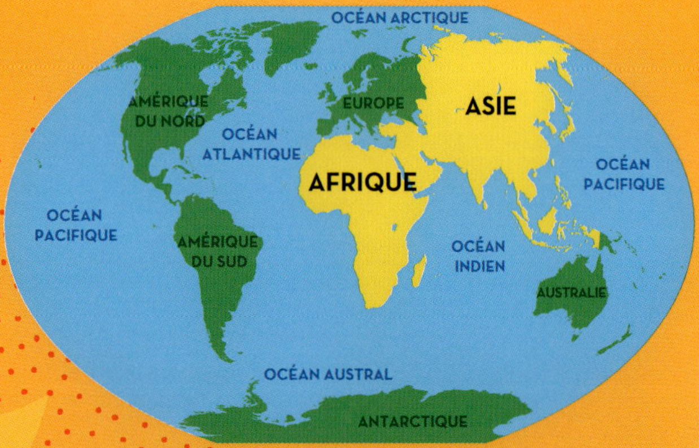

Les éléphants vivent habituellement dans les régions chaudes du globe.

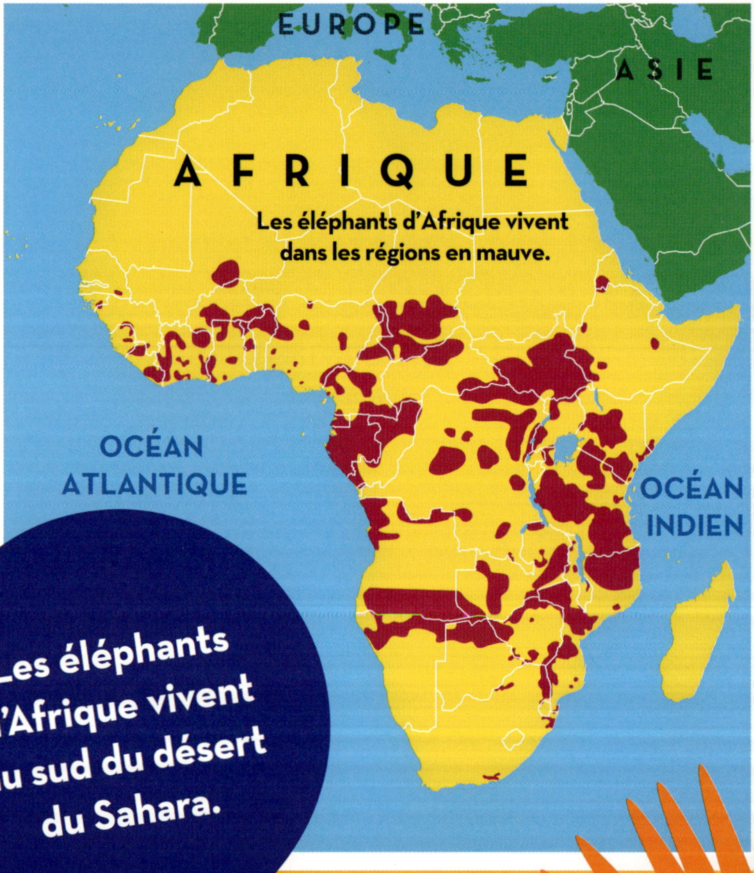

Les éléphants d'Afrique vivent au sud du désert du Sahara.

Les éléphants d'Asie vivent un peu partout en Asie du Sud et du Sud-Est, y compris sur certaines îles de cette région.

La grande vie

Les éléphants sont ÉNORMES.

Des orteils jusqu'aux épaules, les plus grands éléphants d'Afrique mesurent 4 mètres (13 pi) de haut! Ils dépassent même un panier de basketball! Ils pèsent jusqu'à 6 350 kilos (14 000 lb). C'est à peu près aussi lourd que deux camionnettes.

Un corps à tout faire

Le corps des éléphants est rempli de surprises.

QUEUE : Les poils rudes au bout de la queue des éléphants sont parfaits pour chasser les mouches.

PEAU : Tous ces plis sur la peau des éléphants les empêchent d'avoir trop chaud. Les plis retiennent l'eau quand il pleut ou quand les éléphants s'arrosent.

PATTES : Il faut de longues pattes robustes pour supporter tout ce poids!

PIEDS : La plante épaisse des pieds des éléphants les aide à garder leur équilibre.

OREILLES : Ils ont de grandes oreilles molles, qu'ils peuvent agiter pour s'éventer.

DÉFENSES : Les défenses sont des dents qui poussent à l'extérieur du corps.

TROMPE : Au bout de la trompe des éléphants, il y a des lobes qui leur servent à toucher ou à prendre des objets. C'est comme si c'était leurs doigts!

Un nez bien utile!

La trompe des éléphants est longue et flexible. Ils s'en servent pour respirer, sentir, manger et boire. Mais ce n'est pas tout!

Ils l'utilisent aussi pour...

se faire des **CÂLINS** et se dire **BONJOUR,**

POUSSER
et TIRER,

CRACHER et ARROSER,

et faire des
SONS DE
TROMPETTE!

Des défenses polyvalentes!

Les éléphants ont des défenses d'ivoire dures et pointues. Ce sont des dents qui ne cessent jamais de pousser. Les vieux éléphants ont donc de TRÈÈÈÈS LOOOONGUES défenses.

Les éléphants se servent de leurs défenses pour creuser des trous d'eau, arracher des plantes, soulever des choses et se protéger.

Quand leur trompe est fatiguée, ils peuvent aussi la reposer sur leurs défenses.

Célébrer les différences

Tous les éléphants sont extraordinaires, mais ces trois sous-espèces d'éléphants d'Asie possèdent des caractéristiques spéciales qui les distinguent des autres.

Les **éléphants du Sri Lanka** ont la peau la plus foncée.

Les éléphants de Sumatra ont la peau la plus claire.

Les éléphants pygmées de Bornéo sont les plus petits de tous.

Ces trois sous-espèces vivent sur des îles. C'est une bonne chose que les éléphants sachent **NAGER.** Quand ils vont sous l'eau, ils gardent la trompe à la surface pour respirer.

Manger vert

Les éléphants sont **herbivores.** Cela veut dire qu'ils mangent uniquement des végétaux et jamais de viande.

Pour eux, un arbre entier est un repas. Il leur suffit...

de **S'ÉTIRER** pour attraper des feuilles,

de **FROTTER** leurs défenses sur l'écorce pour l'arracher,

et de **POUSSER** sur l'arbre pour exposer ses succulentes racines.

Une longue marche jusqu'à l'eau

Un éléphant adulte boit près de 230 litres (environ 60 gallons) d'eau par jour. C'est comme s'il buvait toute l'eau que peut contenir une baignoire!

Durant la saison chaude, lorsque la pluie se fait rare, les éléphants parcourent parfois de longues distances pour trouver de l'eau. La femelle la plus âgée mène la migration. Elle a une bonne mémoire et sait où trouver les meilleurs points d'eau.

Les éléphants marchent à la queue leu leu!

À tes ordres, grand-maman!

Les éléphants sont des animaux sociaux. Ils aiment la compagnie des autres éléphants. Les groupes familiaux voyagent souvent ensemble en troupeau. Les femelles restent avec leur famille toute leur vie. La femelle la plus âgée et la plus sage est la matriarche. C'est elle qui dirige le troupeau.

Les mâles quittent leur mère lorsqu'ils ont entre 12 et 15 ans. Certains vont rejoindre un troupeau composé de mâles seulement, tandis que d'autres choisissent de vivre seuls.

Un câlin de groupe

Les éléphants ont des sentiments. Ils sont tristes quand un membre de leur famille meurt. Ils sont heureux quand ils rencontrent des amis ou quand un bébé naît.

YOUPI!

Écoute bien!

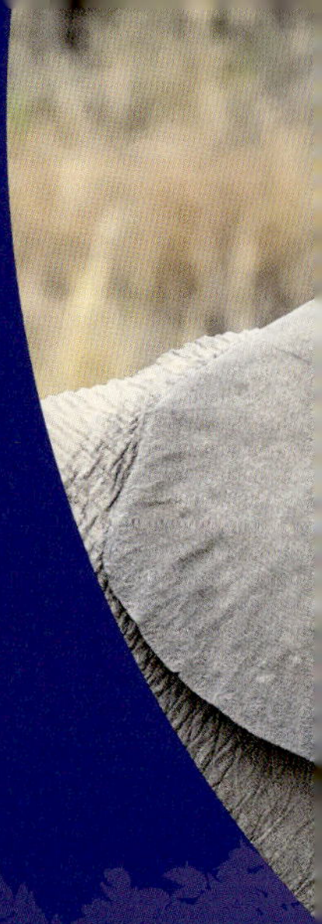

Les éléphants produisent toutes sortes de sons pour communiquer. Ils peuvent émettre des **GROGNEMENTS** si graves que l'oreille humaine ne les perçoit pas. Heureusement, les autres éléphants peuvent les entendre, même s'ils sont à des kilomètres. Les éléphants utilisent aussi leur corps pour parler.

Un éléphant qui déploie ses oreilles veut dire « N'approche pas! ».

Ils s'enlacent la trompe pour dire « Je t'aime ».

Une petite poussée sur le derrière veut dire « Allez, avance plus vite! ».

De GROS bébés

Par comparaison avec les autres mammifères, les éléphants naissants sont **ÉNORMES.** Ils pèsent environ 90 kilos (200 lb) et mesurent presque 90 centimètres (3 pi) de haut. C'est plus ou moins la grosseur d'une machine à laver.

Les bébés éléphants s'appellent des **éléphanteaux.** Tout le troupeau aide la nouvelle maman à élever et à protéger son éléphanteau.

CYCLE DE VIE

À la naissance :

Les nouveau-nés se tiennent debout dès le premier jour et font leurs premiers pas peu de temps après.

À 1 an :

Un éléphanteau pèse environ 450 kilos (1 000 lb).

Entre 2 et 10 ans :

À 2 ans, les dents de lait tombent pour faire de la place aux molaires et aux défenses.

Entre 12 et 15 ans :
Les jeunes mâles quittent leur famille. Les jeunes femelles restent avec le troupeau.

À 18 ans :
Les éléphants atteignent l'âge adulte, mais peuvent encore grandir jusqu'à 25 ans.

À 70 ans :
Les éléphants peuvent vivre jusqu'à 70 ans dans leur milieu naturel.

LE SAVAIS-TU?

Comme les éléphants mangent seulement des végétaux, leurs selles sont remplies de graines. Les graines qu'ils rejettent vont pousser et devenir de nouveaux végétaux. Sans le savoir, les éléphants aident les forêts et les prairies à rester vertes et en santé.

Les jeunes éléphants s'amusent en jouant avec des pierres, des plantes et des bouts de bois.

Malgré leur grande taille, les éléphants peuvent marcher à une vitesse de 40 kilomètres à l'heure (25 mi/h). C'est la vitesse d'une voiture qui circule dans ton quartier.

Les éléphanteaux sucent parfois leur trompe pour se réconforter, tout comme les bébés humains sucent leur pouce.

Quand les éléphants marchent en file, les éléphanteaux tiennent la queue de l'éléphant devant eux avec leur trompe pour ne pas se perdre.

Les éléphants peuvent reconnaître leur reflet dans un miroir.

Pour se rafraîchir, les éléphants s'arrosent d'eau et se couvrent de poussière.

Problèmes d'éléphants

Des millions d'éléphants ont déjà vécu en Afrique et en Asie. Aujourd'hui, il n'en reste plus qu'environ 465 000 dans la nature.

Si la population d'éléphants diminue, c'est parce que les chasseurs veulent leurs précieuses défenses en ivoire.

Il y a aussi moins d'éléphants depuis que les gens construisent des fermes, des maisons et d'autres immeubles dans leurs habitats.

La chasse et la disparition de leurs habitats sont, encore aujourd'hui, des menaces pour les éléphants.

COMMENT AIDER

Aider les éléphants

Bien des gens veulent protéger les éléphants.

On a adopté des lois contre la chasse à l'éléphant et la vente d'ivoire. On a aussi créé des programmes informatiques pour traquer les chasseurs avant qu'ils ne puissent faire du mal aux éléphants.

L'Afrique a agrandi le territoire protégé réservé aux éléphants.

EN AFRIQUE DU SUD, AU CENTRE HOEDSPRUIT POUR ESPÈCES EN VOIE DE DISPARITION, DEUX GARDES ET ZEE, LEUR CHIEN SPÉCIALEMENT ENTRAÎNÉ, S'ASSURENT QU'IL N'Y A AUCUN BRACONNIER.

En Asie, on a aménagé des clôtures et des sentiers spéciaux pour que les humains et les éléphants n'empiètent pas sur leurs espaces respectifs.

IMPLIQUE-TOI

Au secours des éléphants

Tu peux aider les éléphants, toi aussi!

Pour commencer, raconte à tes amis tout ce que tu sais à propos des éléphants et dis-leur pourquoi tu les aimes. Explique-leur pourquoi il ne faut pas acheter de bijoux, d'œuvres d'art ou d'autres objets faits en ivoire.

Tu peux aussi célébrer la **Journée mondiale de l'éléphant,** le 12 août. Ce jour-là, des gens de partout dans le monde promettent par écrit de protéger les éléphants et leurs habitats.

Chaque promesse compte!

ACTIVITÉ

Question de taille

Les éléphants sont les plus gros animaux terrestres.

Peux-tu mettre en ordre ces animaux, du plus grand au plus petit?

renard

hippopotame

hérisson

QUESTION BONUS :

Il existe un animal plus gros que l'éléphant. Connais-tu son nom?

Voici un indice :

sa peau est bleu-gris

et il nage dans l'océan.

Réponse à la question bonus : la baleine bleue

Réponses pour les animaux du plus grand au plus petit : hippopotame, zèbre, babouin, renard, hérisson.

CONSEILS POUR LES PARENTS

Vous voulez développer l'intérêt de votre enfant pour les éléphants?

Tous les enfants sont impressionnés par les éléphants : par leur taille gigantesque d'abord, puis par leur étrange trompe et tout ce qu'une trompe peut faire! L'idéal, c'est d'aller faire une promenade au zoo. Sinon, vous pouvez toujours regarder des vidéos en ligne avec votre enfant. Il y a d'excellentes vidéos et des articles très intéressants sur les éléphants sur le Web.

Voici d'autres activités à faire avec votre enfant.

Sensibilisation aux éléphants

(Recherche, rédaction et dessin)

Aidez votre enfant à découvrir quels objets peuvent être faits en ivoire (des bijoux, des statues, des objets d'art, des peignes décoratifs, des pièces d'échec, des touches de vieux pianos). Ensuite, faites une affiche montrant quelques-uns de ces objets. Pour terminer l'affiche, votre enfant peut dessiner un éléphant et trouver un titre qui dénonce l'achat d'objets en ivoire. Accrochez l'affiche à un endroit où vos visiteurs pourront facilement la voir. Encouragez votre enfant à l'apporter à l'école pour la montrer à son enseignant et à ses camarades de classe.

Mémoire d'éléphant

(Concentration et mémoire)

Demandez à votre enfant de dessiner sur des fiches des paires d'images représentant les six parties du corps des éléphants suivantes : la trompe, la queue, les défenses, une patte, un œil et une oreille (pour un total de 12 images). Brassez les cartes et placez-les à l'envers sur une table ou sur le sol. À tour de rôle, retournez deux cartes pour tenter de trouver les paires. La personne qui a le plus de paires à la fin du jeu pourra se vanter d'avoir une mémoire d'éléphant!

Grosse semaine de lecture sur les éléphants

(Lire et s'exprimer)

Donnez à votre enfant plusieurs livres à lire sur les éléphants pour développer ses capacités de lecture. Allez à la bibliothèque et empruntez jusqu'à sept livres sur les éléphants. Vous pouvez choisir un mélange de livres de fiction et d'ouvrages documentaires. Demandez à votre enfant de lire un peu chaque jour puis, à la fin de la semaine, invitez-le à vous parler de son livre ou de son chapitre préféré.

Mathématiques et migration

(Calcul et cartographie)

Durant leur migration, les éléphants peuvent parcourir près de 200 kilomètres (120 mi) par jour pour trouver de la nourriture et de l'eau. Pour aider votre enfant à se représenter une telle distance, situez ensemble votre ville sur une carte, puis trouvez quels sont les endroits à 200 km au nord, au sud, à l'est et à l'ouest. Discutez du temps qu'il vous faudrait pour vous rendre à ces endroits en voiture, en transport en commun et à pied. Ensuite, au moyen d'une application d'itinéraire, vérifiez si vous aviez deviné juste.

Adopter un éléphant

(Responsabilité)

Non, il ne s'agit pas d'accueillir un vrai de vrai éléphant à la maison! Toutefois, il existe des programmes d'adoption grâce auxquels votre enfant et vous pourrez aider un éléphant à vivre en sécurité et en santé. Des organismes comme le Sheldrick Wildlife Trust, le World Wildlife Fund et l'Elephant Listening Project ont des programmes « d'adoption » proposant divers paliers de don.

GLOSSAIRE

communiquer : transmettre de l'information

éléphanteau : bébé éléphant

habitat : endroit où vit un animal dans la nature

herbivore : animal qui mange seulement des végétaux

ivoire : substance d'un blanc jaunâtre dont sont faites les défenses des éléphants

mammifères : groupe d'animaux, dont font partie les humains, qui ont une colonne vertébrale, qui ont le sang chaud, qui respirent de l'oxygène, qui ont du poil ou de la fourrure et qui boivent le lait de leur mère

matriarche : femelle qui dirige un groupe d'éléphants

migration : déplacement d'une région ou d'un habitat à un autre dans le but de trouver un ou une partenaire pour s'accoupler ou de la nourriture

savane : grande prairie herbeuse et plate où il y a très peu d'arbres

troupeau : deux familles d'éléphants ou plus

Pour papa, qui adorait regarder des émissions d'animaux et raconter toutes sortes d'anecdotes amusantes sur eux — M. M.

Page couverture, fishcat007/Adobe Stock; quatrième de couverture, Susan Schmitz/Shutterstock; 1, Andy Rouse/naturepl; 5, HeresTwoPhotography/Adobe Stock; 6, Kenneth Canning/Getty Images; 7 (HA), Thomas Jurkowski/Dreamstime; 7 (BA), Education Images/Getty Images; 8-9, NG Maps; 8, Thomas Retterath/Getty Images; 9, Yashpal Rathore/NPL/Minden Pictures; 10-11, Richard Carey/Adobe Stock; 12-13, Susan Schmitz/Shutterstock; 14, Anup Shah/naturepl; 15 (HA GA), Leon/Adobe Stock; 15 (HA DR), Thierry GRUN/Alamy Stock Photo; 15 (BA), Isabelle/Adobe Stock; 17, Manoj Shah/Getty Images; 18, David/Adobe Stock; 19 (GA), Biosphoto/Alamy Stock Photo; 19 (DR), Christian Loader/Scubazoo; 20, Jeryco/Getty Images; 21 (HA), blickwinkel/Alamy Stock Photo; 21 (BA), Lionela Rob/Alamy Stock Photo; 22, Villiers/Adobe Stock; 23, Sergey Novikov/Adobe Stock; 24, fishcat007/Adobe Stock; 25, John Warburton-Lee Photography/Alamy Stock Photo; 27, Michael Poliza; 28, Tony Heald/NPL/Minden Pictures; 29 (HA), Alta Oosthuizen/Adobe Stock; 29 (BA), Suzi Eszterhas/Minden Pictures; 31, Four Oaks/Shutterstock; 32 (GA), worradirek/Shutterstock; 32 (CTR), Michael Nichols, NGS; 32 (DR), Ferrero-Labat/Auscape Minden Pictures; 33 (GA), Jean-François Ducasse/Alamy Stock Photo; 33 (CTR), Karlos Lomsky/Adobe Stock Photo; 33 (DR), Martin Withers/FLPA/Minden Pictures; 34-35, Donovan van Staden/Shutterstock; 36, Martin Harvey/Getty Images; 37, Phototography by Mangiwau/Getty Images; 38, Ilan Godfrey/Getty Images; 39, Lakruwan Wanniarachchi/Getty Images; 40, Edmond So/Getty Images; 41, Pacific Press Media Production Corp./Alamy Stock Photo; 42 (GA), Eric Isselee/Shutterstock; 42 (DR), Eric Isselee/Shutterstock; 43 (HA GA), Eric Isselee/Shutterstock; 43 (HA DR), Eric Isselee/Shutterstock; 43 (BA), Dixi_/Adobe Stock

Catalogage avant publication de Bibliothèque et Archives Canada

Titre: Les éléphants / Margie Markarian ; texte français du Groupe Syntagme.
Autres titres: Elephants. Français
Noms: Markarian, Margie, auteur.
Collections: National Geographic kids.
Description: Mention de collection: National Geographic kids | Vie sauvage | Traduction de : Elephants.
Identifiants: Canadiana 20240324544 | ISBN 9781039708242 (couverture rigide)
Vedettes-matière: RVM: Éléphants—Ouvrages pour la jeunesse. | RVMGF: Documents pour la jeunesse.
Classification: LCC QL737.P98 M3714 2024 | CDD j599.67—dc23

Édition publiée par les Éditions Scholastic, 604, rue King Ouest, Toronto (Ontario) M5V 1E1, Canada, avec la permission de National Geographic Partners, LLC.

5 4 3 2 1 Imprimé en Corée du Sud 91 24 25 26 27 28

Conception graphique : Kathryn Robbins

L'autrice et l'éditeur souhaitent remercier, pour leur savante relecture, Dominique Gonçalves, écologiste et agente de protection des éléphants, ainsi que l'équipe d'édition de National Geographic : Angela Modany, corédactrice; Shelby Lees, rédactrice en chef; Sarah J. Mock et Nicole DiMella, éditrices photo; Mike McNey, cartographie principale; Alix Inchausti, directrice de la production; et Anne LeongSon et Gus Tello, adjoints à la production et à la conception.

Certains éléments de texte en anglais dans les photographies ne peuvent pas être modifiés et nous avons choisi de les garder ainsi pour ne pas nuire à la qualité du livre.